Die Gesandtschaftsszene Divico-Caesar (Caes. Gall. 1,13-14)

Oliver Meuser

Bibliografische Information der Deutschen Nationalbibliothek:

Die Deutsche Nationalbibliothek verzeichnet diese Publikation in der Deutschen Nationalbibliografie; detaillierte bibliografische Daten sind im Internet über http://dnb.d-nb.de abrufbar.

ISBN: 9783346592699
Dieses Buch ist auch als E-Book erhältlich.

Druck und Bindung: Books on Demand GmbH, Norderstedt Germany
Gedruckt auf säurefreiem Papier aus verantwortungsvollen Quellen

Das vorliegende Werk wurde sorgfältig erarbeitet. Dennoch übernehmen Autoren und Verlag für die Richtigkeit von Angaben, Hinweisen, Links und Ratschlägen sowie eventuelle Druckfehler keine Haftung.

Das Buch bei GRIN: https://www.grin.com/document/1174114

Die Gesandtschaftsszene Divico-Caesar
(Caes. Gall. 1,13-14)

von Oliver Meuser, Dipl.-Gyml.

Albertus-Magnus-Universität Köln
Institut für Altertumskunde
Abt. Klassische Philologie
FB Latinistik

Inhaltsverzeichnis

Einleitung

In der vorliegenden Arbeit untersuche ich die Gesandtschaftsszene Divico-Cäsar (BG 1,13-14). In einem ersten Schritt soll die Szene zunächst in den Kontext ihrer Stellung im *Bellum Gallicum* (BG) eingebettet werden (I). In einem zweiten Schritt soll die Szene lexikalisch, grammatisch und rhetorisch analysiert und mithilfe narratologischer Instrumente interpretiert werden, indem die narrativen Partien und die beiden indirekten Reden beschrieben und gedeutet werden. (II). Eine Schlussbetrachtung mit einem Rückblick auf die Ergebnisse der Untersuchung und einem Ausblick auf mögliche Forschungsdesiderata schließt die Arbeit ab (III).

I. Kontextualisierung

Buch 1 des BG ist in zwei Darstellungskomplexe gegliedert, den Helvetischen Krieg (2-29)[1] und den Krieg gegen Ariovist und die Germanen (30-54).[2] Nachdem der Erzähler im Prooemium mit einem geostrategischen Überblick über das Gebiet der Gallier, mit der Hervorhebung der kampftüchtigsten gallischen Stämme, nämlich der Belger und Helvetier, sowie der Germanen eine Einführung in die Bücher 1 und 2 geliefert hat,[3] motiviert er im Folgenden die Auswanderung der Helvetier durch die Einflussnahme des helvetischen Fürsten Orgetorix (1,2,1-3,2). Dieser wird zunächst zum Führer des Unternehmens gewählt, jedoch nach Aufdeckung einer von ihm initiierten Adelsverschwörung von den eigenen Leuten zum Feuertode verurteilt, entzieht sich des Strafvollzugs und stirbt, wie die Helvetier und der Erzähler meinen, durch Selbstmord.[4] Die Helvetier geben ihr Auswanderungsunternehmen nicht auf und entscheiden sich von zwei möglichen Wegen für den bequemeren, der durch das Gebiet der römischen Provinz führt. Als der römische Proconsul dies erfährt, sieht er sich zur Intervention gezwungen und trifft Vorkehrungen, die die Helvetier am Durchmarsch hindern (1,5,1-8,4). Diese ändern daher ihre Marschroute, um auf dem unbequemeren Weg zwischen Jura und Rhône durch das Gebiet der Sequaner zu marschieren. Da erfährt der Proconsul das Ziel der Auswanderung, nämlich das Gebiet der Santoner, das der Erzähler nahe der

---

[1] Ich fasse Vorgeschichte und Kriegsnarrativ zusammen. 1,2,1-6,4 behandeln die Vorgeschichte, von der Verschwörung des Orgetorix i. J. 61 bis zu Cäsars Eingreifen i. J. 58, gerahmt durch Datierungen (*M. Messala M. Pisone consulibus,* 2,1, und *a. d. v. Kalendas Apriles L. Pisone A. Gabinio consulibus,* 6,4). 1,7,1 beginnt das Kriegsnarrativ.
[2] Als Gelenkstelle dient *bello Helvetiorum confecto* (1,30,1). Gärtner 1975, 97. Mensching 1988, 89.
[3] Maurach 2003, 17. Torigian 1998, 50.
[4] Kraner/Dittenberger/Meusel ad 4,4: glossieren *neque suspicio abest* mit *dubitari vix potest.* Der Erzähler weiß es also nicht, lässt aber seinen Verdacht durch die Helvetier bestätigen, die es zwar auch nicht wüssten (*arbitrantur*), aber für den Leser in diesem Falle die glaubwürdigsten Gewährsmänner sind. Kritisch zum Selbstmord eines keltischen Fürsten Walser 1998, 44 ad loc. Zur Funktion des Orgetorix vgl. Fränkel 1960, 304.

Provinzgrenze bei Tolosa verortet. Durch die Gefahr, die Feinde jenseits eines ungeschützten und fruchtbaren Landes für die römische Provinz darstellen würden,[5] sieht sich der Proconsul zur Intervention gezwungen, hebt in Italien zwei und bei Aquileia drei Legionen aus, die er den Helvetiern entgegen bis zum Gebiet der Segusiaver führt (1,9,1-10,5).[6] Während die Helvetier bereits das Gebiet der Häduer verwüsten, erreichen Cäsar Gesandte der Häduer, Ambarrer und Allobroger, die Unterstützung gegen die zerstörerischen Helvetier erbitten, was Cäsar zum Eingreifen bewegt, da römische Bundesgenossen zu schützen seien (1,11). Cäsar erfährt durch Kundschafter, dass die Helvetier im Begriff sind, den Arar zu überqueren und metzelt durch einen Überfall einen Großteil von deren letztem Viertel nieder (12,1-3). Durch einen Erzählerkommentar erfährt der Leser, dass es sich bei diesem Teil um den Gau der Tiguriner handle, der bei einem früheren Ausmarsch den Consul L. Cassianus getötet hatte, so dass dieser Gau durch Zufall oder göttliche Fügung als erster bestraft worden sei und Cäsar somit im Namen Roms, aber auch in eigenem Namen Rache geübt habe, da auch der Großvater seines Schwiegervaters in derselben Schlacht gefallen sei (12,4-7).

---

[5] 1,10,2: *ut homines bellicosos .... locis patentibus maximeque frumentariis finitimos haberet*: Subjekt ist *provincia*, *homines bellicosos* ist Objekt zu *haberet*, *finitimos* ist Prädikativum zu *homines bellicosos*, *locis patentibus* ... ist Dativobjekt zu *finitimos* (TLL s. v. finitimus I,A,2, 6,1,800,48-66. Zu *patentibus* vgl. TLL s. v. pateo I,A,d,α, 10,1,659,10-38). Caesar macht damit – alles in der potentialen Periode – grammatisch die Helvetier sowohl zu ‚Nachbarn‘ des zwischen Santonen-Gebiet und Provinz gelegenen Gebiets als auch, durch beider Nachbarschaft, zu Nachbarn der Provinz. Dadurch wird eine engere Nähe und also eine größere Bedrohung der Provinz suggeriert, als dies tatsächlich der Fall gewesen wäre, wären die Helvetier tatsächlich an ihr vermeintliches Auswanderungsziel gelangt. Darüberhinaus beträgt laut Google-Maps die Fußroute, in etwa Luftlinie entsprechend, von Saintes, wo das Zentrum des Santoner-Landes verortet wird, nach Toulouse, an der NW Grenze der Gallia Narbonensis, 325 km.
[6] Das Gebiet der Segusiaver „erstreckte sich über die Forez- und Lyonnais-Gegend, zwischen Rhodanus, Arar und dem Oberlauf des Liger (Loire)“, Le Glay 1979, 75.

2

II. Analyse

Meiner Analyse liegt folgende Gliederung zugrunde:[7]

Präskript (13,2)

A. Divico

1. Propositio (13,3-4)

2. Probatio (13,5-6)

3. Peroratio (13,7)

B. Cäsar

1. Propositio / Refutatio (14,1-2)

2. Probatio 1 (14,3)

3. Probatio 2 (14,4-5)

4. Peroratio (14,6)

C. Divico: Schlussworte (14,7)

13,1 leitet vom Erzählerkommentar (12,4-7) zurück in das Kriegsnarrativ. Der temporale Abl. abs. (*hoc proelio facto*) markiert den Fortgang des Kriegsnarrativs; der Finalsatz geht dem HS voraus: aAB. Der Satz ist ein Beispiel für den sog. Kommentarienstil des BG, der sich, v. a. in Buch 1, im Grundtypus der historischen Periode aA, bestehend aus vorangestelltem NS (a) und folgendem HS (A), zeigt.[8] Im **Präskript** folgt der Anlass der helvetischen Gesandtschaft: Aus der Furcht vor der militärischen Leistungsfähigkeit des römischen Heeres, die dieses durch seinen im Vergleich zu den Helvetiern 20 mal schnelleren Brückenbau über die Sâone unter Beweis stellt, schicken die Helvetier eine Gesandtschft zu Cäsar. Der erste Satz von 13,2 ist ein Beispiel für eine längere cäsarische Periode, die zugleich die gerade für Buch 1 typischen Züge der ,Amtssprache' trägt: Das Subjekt steht an erster, das Verb an letzter Position. Dem Subjekt folgt ein kausales Part. coni., das durch einen kausalen *cum*-Satz erläutert wird; in den *cum*-Satz ist ein explikativer Relativsatz

---

[7] Die Divisio ist weder in Divicos noch in Cäsars Rede sprachlich explizit markiert, im Gegensatz zu einigen anderen indirekten Reden des BG. Dangel 1995, 99f. unterscheidet dabei zwei Techniken: „L'une [technique directe] consiste à utiliser le terme technique et à signaler conjointement que le discours sera limité à cet extrait rhétorique." Z. B. markiere [*Diviciacus ...*] **obsecrare coepit** (1,20,1) das Exordium, **exitus fuit orationis** (4,8,1) die Peroratio. „Une seconde technique [indirecte] de mise en oeuvre consiste à faire se succéder plusieurs citations indirectes, rattachées chacune à un verbe introducteur distinct et renouant chaque fois avec la trame narrative ... si bien que chaque nouveau morceau oratoire ... apparaît à sa juste place au rythme d'un générique quelque peu accéléré." Z. B. *initio orationis... commemoravit... docebat... postulavit deinde* (1,43,4).
[8] LHS 737a,α. Anders MBS 597,2, 891. Der Kommentarienstil ist in Buch 1 am stärksten ausgeprägt und weicht bis Buch 7 einem stärker ,historiographischen Stil'. Albrecht 2012, 353. Vgl. Gotoff 1984, 15, der die sehr starke Abweichung vom Kommentarienstil bereits in BG 2,27 hervorhebt.

eingeschoben; in diesen ein epexegetischer *ut*-Satz;[9] im HS geht das direkte Obj. der Präpositionalphrase voraus.[10] Es ergibt sich aα(α′)αA.[11] In 13,1-2 zeigt sich auch, wie Cäsar lexikalische Schlichtheit durch einen Variatio meidenden Gebrauch von *facere* erreicht (*pontem ... faciendum ... confecerant ... fecisse*).[12] Im Präskript motiviert der Erzähler also den *Anlass*, nicht aber die *Intention* der Gesandtenrede – dass die Helvetier kommen, um über Friedensbedingungen zu verhandeln, erfährt der Leser erst indirekt aus dem ersten Satz von Divicos Rede.[13] In relativischem Anschluss wird Divico als Wortführer der Gesandtschaft (*legationis princeps*) eingeführt[14] und im Relativsatz durch seine Rolle als Befehlshaber der Helvetier (*dux Helvetiorum*)[15] im Cassianischen Krieg (107 v. Chr.) qualifiziert (13,2).[16] Die Charakterisierung des Divivo entspricht äußerlich dem Verfahren bei thukydideischen Reden, wo Individuen i. d. R. vor ihrer ersten Rede im Präskript charakterisiert werden;[17] sie beschränkt sich aber auf die zwei für Cäsars Absicht relevanten Punkte, die in beider Reden thematisiert werden und auf die der Erzähler bereits vorbereitet hatte: die *clades Cassiana*

---

[9] Das epexegetische *ut* (*ut flumen transirent*) erklärt das Faktum, auf das die Periphrase *id quod ... confecerant* referiert. Kraner/Dittenberger/Meusel 1, 94 ad 1,5,1 (*ut ... exeant*): „eine bei Caesar sehr häufige epexegetische Ausführung des im vorhergehenden hinlänglich bezeichneten durch eine Infinitivconstruction oder einen Nebensatz mit *ut*." Ähnlich abundante oder überpräzise Ausdrücke wie *diem, quo die; propterea quod; postridie eius diei; permittere, ut liceat* finden sich in Buch 1 häufiger als in anderen Büchern. Schlicher 1936, 216f. Vgl. Albrecht 2012, 352.

[10] Gotoff 1984, 5: „subject first or early, verb last ..., perhaps achieving some temporal or causal subordination by use of a discrete ablative absolute. ... Adjectives and gentives would be expected adjacent to their governing nouns, and object phrases predede the prepositional phrases and other adverbial elements that adhere more closely to the verb". Vgl. Eden 1962, 93f.

[11] A = HS, a = NS erster Ordnung, α = NS zweiter Ordnung, α′ = NS dritter Ordnung. Vgl. LHS 733.

[12] Mensching 1988, 79f. erwähnt Cäsars geringen Wortschatz mit insgesamt ca. 2600 und ca. 1200 mehr als dreimal vorkommenden Wörtern: „Die Rolle von Allerweltswörtern verdiente zwar eine eigene Untersuchung, doch ist m. W. bislang nicht erwiesen worden, daß die Reduktion des Wortschatzes auch durch eine ungewöhnlich weite Verwendung etwa von *res* und *facere* erreicht wurde."

[13] Es heißt schlicht, dass Divico mit Cäsar ‚verhandelte' (*egit*). Meusel LC 1 s. v. ago Bb2ββ, 220. Vgl. TLL s. v. ago (2), II,B,1,b,α 1,1392,77f.: ‚(II) *de negotiis, officiis, operibus, quae homines peragere solent*, (B) *de eis, quae verbis vel scriptis, accedente in quibusdam gestu et modulatione, peraguntur*, (1) *extra iudicium*, (b) *in vita publica*, (α) *cum aliquo magistratu vel cum privato per magistratum.*'

[14] *Princeps* i. S. v. *dux, caput*, im Gegensatz zur Stellung innerhalb der (Stammes-)Gemeinschaft (Meusel, LC 2,1 s. v. princeps, Bb, 1202 [= *dux, caput*]; A, 1197 [= *homo nobilis(simus); primores civitatis*]).

[15] Der *dux* ist der militärische Oberbefehlshaber (Meusel LC 1 s. v. dux, Bb, 982. OLD s. v. dux 4a).

[16] Walser 1998, 58f. ad 1,12,3 hält Divico die Wahrscheinlichkeit, dass „der Divico von 107 und der gleichnamige von 58 derselbe Tigurinerführer ist", für gering und die Figur des Divico für einen Teil der „caesarischen Legende".

[17] Präskripte und Postskripte hat Morrison 2006 als Formmerkmal thukydideischer Reden unterschieden. Sie grenzen Reden vom Narrativ ab und geben oft Motivation, Ziel, Resultat oder Wirkung einer Rede auf die Zuhörer an. Vgl. e. g. beim Kongress in Sparta Thuk. 1,67,5 (Korinther): παρελθόντες δὲ τελευταῖοι Κορίνθιοι καὶ τοὺς ἄλλους ἐάσαντες πρῶτον παροξῦναι τοὺς Λακεδαιμονίους ἐπεῖπον τοιάδε. 1,72,1-2 (Athener): τῶν δὲ Ἀθηναίων ἔτυχε γὰρ πρεσβεία πρότερον ἐν τῇ Λακεδαίμονι περὶ ἄλλων παροῦσα, καὶ ὡς ᾔσθοντο τῶν λόγων, ἔδοξεν αὐτοῖς παριτητέα ἐς τοὺς Λακεδαιμονίους εἶναι... δηλῶσαι δὲ περὶ τοῦ παντὸς ὡς οὐ ταχέως αὐτοῖς βουλευτέον εἴη, ἀλλ' ἐν πλέονι σκεπτέον. καὶ ἅμα τὴν σφετέραν πόλιν ἐβούλοντο σημῆναι ὅση εἴη δύναμις, καὶ τοῖς νεωτέροις ἐξήγησιν ὧν ἄπειροι ἦσαν, νομίζοντες μᾶλλον ἂν αὐτοὺς ἐκ τῶν λόγων πρὸς τὸ ἡσυχάζειν τραπέσθαι ἢ πρὸς τὸ πολεμεῖν. προσελθόντες οὖν τοῖς Λακεδαιμονίοις ἔφασαν ... οἱ Ἀθηναῖοι ἔλεγον τοιάδε. Präskripte nichtathenischer Redner sind i. d. R. weniger ausführlich (vgl. 1,79,2 [Archidamos], 1,85,3 [Sthenelaidas]); allerdings macht der Erzähler i. d. R. klar, welches *eigene* Interesse (*utilitas*) ein Redner mit seiner Rede verfolgt. Vgl. dagegen BG 7,77,2: *apud quos variis dictis sententiis ... non praetereunda oratio Critognati videtur propter eius singularem ac nefariam crudelitatem.*

4

und die *iniuriae* der Helvetier. Zwei Teubner-Seiten zuvor hatte er dem Leser den Cassianischen Krieg in Erinnerung gerufen, indem er das Verbot des Durchmarsches durch die römische Provinz, das der Proconsul der helvetischen Gesandtschaft erteilt, durch die Erinnerung an eben diesen Krieg motiviert hatte,[18] und kurz darauf (12,6) hatte er die Vernichtung der Tiguriner als göttliche Strafe für die Verletzung der römischen Waffenehre dargestellt.[19]

Die Rede des Divico enthält kein Prooemium und keine Captatio benevolentiae, sondern geht direkt *in medias res*. In der **Propositio** bietet **Divico** Cäsar eine fast bedingungslose Kapitulation an: Wenn das römische Volk Frieden schließe, gingen die Helvetier dorthin, wo immer Cäsar ihnen Land zuweisen werde (13,3).[20] Er schließt aber sofort den Alternativ-Fall an, auf den der Rest seiner Rede ausgelegt ist: Den Fall, dass das römische Volk die Helvetier weiter mit Krieg plage (*bello persequi*).[21] Das Hauptprädikat und damit die ganze Apodosis ist eine A u f f o r d e r u n g (*reminisceretur*):[22] Für diesen Fall solle Cäsar sich an den früheren Rückschlag (*incommodum*)[23] und die Wehrkraft der Helvetier (*virtus*) erinnern, die sie schon im Cassianischen Krieg bewiesen hatten – und scilicet erneut unter Beweis stellen werden. Divico nutzt das historische Exemplum zum Beweis der helvetischen Wehrkraft (13,4). Der zweite Satz der Propositio leitet so über zur Probatio.

Der Beginn der **Probatio** ist durch ein faktisches *quod* markiert.[24] 13,5 ist mit der Form aα(α´)αAB der komplexeste Satz in Divicos Rede: ‚Was das angehe, dass Cäsar unversehens einen einzigen Gau angegriffen habe (*quod inproviso unum pagum adortus esset*), während die übrigen, die den Fluss überquerten, ihren Leuten nicht zu Hilfe eilen konnten, solle er deswegen nicht seiner eigenen Leistung viel Gewicht beimessen oder die Helvetier geringschätzen.' Divico diskreditiert also zunächst die Wehrkraft des römischen Heeres:

---

[18] **Caesar** *quod memoria tenebat L. Cassium consulem occisum exercitumque eius ab Helvetiis pulsum et sub iugum missum concedendum* **non putabat**, 1,7,4. Der Proconsul ist hier, wie im Großteil des Textes sekundär fokalisiert. DeJong 2014, 50: „It is one of the special characteristics of narrative texts that a primary narrator-focalizer can *embed* the focalization of a character in his narrator-text, recounting what that character is seeing, feeling, thinking, without turning him into a secondary narrator-focalizer ... Such embedding of focalization is *explicit* when it is marked by a verb of seeing, feeling, or thinking, and so on ... .“

[19] Lohmann 1996, 25: „Eine solche Kunst der Leserlenkung durch sorgfältige Vorinformationen ist ein Kennzeichen des Caesarischen Erzählstils.“

[20] Friedensbedingungen wären i. d. R. in der Protasis, die Annahme des Friedens in der Apodosis zu erwarten; der Konditionalsatz des Divico ist invertiert.

[21] Meusel LC 2,2 s. v. persequi Ba (= *adgredi, vexare*).

[22] MBS 470,2, 656: „Alle Hauptsätze der direkten Rede, welche einen Befehl (Imperativ), Wunsch (Optativ), eine Bitte oder ein Verbot bezeichnen (Aufforderungssätze...) stehen nach den Regeln der Consecutio temporum in der indirekten Rede im Konjunktiv (mit oder ohne *ut*). Die Verneinung ist *ne*. Vgl. LHS 360: „Aufforderung und Wunsch erscheinen im Konj. mit Personen- und Tempusverschiebung“.

[23] OLD s. v. incommodum, 2b (‚set-back', reverse').

[24] Das faktische *quod* wird bei Cäsar v. a. in indirekter Rede gebraucht (LHS 573f.).

Während aus dem Erzählertext eindeutig hervorgeht, dass ein großer Teil des Tiguriner-Gaues nicht nur angegriffen, sondern niedergemetzelt wurde,[25] nennt Divico diesen für ihn schmerzlichen Verlust einen Angriff bzw. Überfall,[26] und zwar einen hinterhältigen Überfall (Divicos *inproviso ... adortus esset* nimmt das auktoriale *inpeditos et inopinantes adgressus* 12,3 wieder auf). Es folgt, auf die **Aufforderung** des vorangegangenen Satzes, ein verneinter **Befehl**: Cäsar solle sich dies daher keineswegs als militärische Glanzleistung anrechnen oder gar die Wehrkraft der Helvetier unterschätzen (*ne ob eam rem aut suae magnopere virtuti tribueret aut ipsos despiceret*).[27] Dann wird die helvetische Wehrkraft hervorgehoben: Die Helvetier hätten gelernt, ihre Wehrkraft zu beweisen, ohne dabei auf List und Tücke zu setzen (13,6). In einer ordentlichen Schlacht würden die Römer also unterliegen. Das Nachschieben des Kolons *aut insidiis niterentur* „verdoppelt den Gedanken an ‚Tricks‘, und nur diesen, obschon das *aut* eine Verdopplung des *magis-quam*-Kolons erwarten lässt." Es hat beleidigenden Ton und bringt Divicos Rage zum Ausdruck.[28]

In der **Peroratio** wird das Vertrauen in die helvetische Wehrkraft und das barsche Ethos des Divico pointiert. Der Hauptsatz ist erneut ein verneinter Befehl, die Illokution ist eine **Drohung**: ‚Cäsar solle es nicht so weit kommen lassen (*ne commiteret*), dass dieser Ort, an dem sie zusammen stünden, von einer Niederlage des römischen Volkes und der Vernichtung seines Heeres her seinen Namen erhalte und (sc. der Nachwelt) sein Andenken überliefere‘.[29]

---

[25] 12,2f.: (*copiarum Helvetiorum*) *eam partem ..., quae nondum flumen transierat ... impeditos et inopinantes adgressus magnam partem eorum concidit*. Meusel LC 1 s. v. concido, A, 628 (= *trucidare*). TLL s. v. concido, 4,35,30-47: *„de interficiendo, praecipue in pugna"*.

[26] Es gab zwar mehrere Änderungsvorschläge (vgl. Seel 1961, 15), doch Konsens aller Hss. ist **adortus esset**; *adoriri* mit Acc. pers. heißt wie sonst, so auch bei Cäsar durchweg ‚angreifen‘ (TLL glossiert mit *aggreditur, aggressi vel subito orti, invasit*, TLL s. v. adorior, 1,814,54f.; Belegstellen S. 814,36-816,17. Meusel LC 1 s. v. adorior II,B,a, 173f.).

[27] MBS 470,2 Anm.: „Verneinte Imperative, Iussive, Optative, *noli* (*nolite*) mit dem Infinitiv usw. werden in der Oratio obliqua zum Konjunktiv mit *ne* nach den Regeln der Consecutio temporum."

[28] Maurach 2003, 27 und Maurach 2002, 54. Maurach, dessen Interpretation ich folge, führt mit guten Gründen aus, warum der überlieferte Text vollsten Sinn hat. **magis virtute quam dolo contenderent aut insidiis niterentur** (a) findet sich in den Hss. und neueren Edd. *magis virtute contenderent quam dolo* (b) konjizierte Dinter 1884 (vgl. Oppermanns Nachtrag in Kraner/Dittenberger/Meusel 1, 493). Eine Streichung (c) präferierte gar Meusel (vgl. Meusels kritischer Anhang in Kraner/Dittenberger/Meusel 1, 351: „Einfacher ist es noch, mit Mommsen die Worte *dolo contenderent aut* oder mit Gertz *aut insidiis niterentur* zu streichen."). Für (b) spricht, (i) dass *dolus* und *insidiae* gedanklich zusammengehören und *virtus* gegenübergestellt werden. Die syntaktisch-semantische Gliederung spiegelt deutlicher die gedankliche: Ein positives Glied (*magis virtute contenderent*) wird dem negativen (*quam dolo insidiisque niterentur*) in paralleler Struktur gegenübergestellt (magis x (POS) agere quam y (NEG) aut z (NEG) agere VS magis x (POS) quam y (NEG) agere aut z (NEG) agere). (ii) Dassselbe Hendiadyoin findet sich nocheinmal 4,13,1 (*per dolum atque insidias*), allerdings im Erzählertext. Für (a) spricht (i) die Überlieferung, denn es ist Konsens aller Hss., und (ii), wenn man der Interpretation von Maurach 2003, 26-28 folgt, das „Nachschieben" des Kolons als Ausdruck der Barschheit des Divico.

[29] **constit[u]isset**: *constituisset* hatte ursprünglich der Codex M (mit späterer Rasur des *u*) sowie die Hss.-Gruppe β. *ubi constituissent* (,wo sie [sc. zu kämpfen] beschließen würden‘) erscheint blasser gegenüber *ubi constitissent* (,wo sie *stünden*‘), das eindringlicher Divicos ‚barbarische‘ Barschheit zum Ausdruck bringt. Darüberhinaus ergibt sich so eine stärkere Betonung des Gegensatzes zwischen Gegenwart und Zukunft, den Divicos Drohung ausdrückt: Dass der Ort, an dem sie (hier und jetzt) stünden, sofort nach der römischen Niederlage seinen Namen erhalte, und diese dann der Nachwelt überliefert werde.

Das Ethos, das Cäsar der Rede des Divico aufgeprägt hat, entspricht der Topik des ‚nordischen Barbaren‘, der sich insbesondere durch seine *ferocitas* auszeichnet.[30] Divico repräsentiert in seiner Person darüberhinaus das kriegerische Wesen der Helvetier, das der Erzähler schon vorher betont hatte (1,4 *reliquos Gallos virtute praecedunt*; 2,4 *homines bellandi cupidi*; 10,2 *homines bellicosi*).[31] Die Charakterisierung durch den Erzähler wird nun durch die Rede bestätigt, und um das Merkmal der ‚gallischen Selbstüberschätzung‘ erweitert. Hierzu passt auch die Beobachtung von Dangel 1995, dass im Allgemeinen in den indirekten Reden von Galliern die Kategorien des *facile* und *possibile* in einem solchen Maße überrepräsentiert sind, dass solche Reden nicht nur den Zug der ‚Selbstüberschätzung‘ zum Ausdruck bringen, sondern durch ihre Repetivität sogar zur Karikatur beitragen können.[32]

Caesar beginnt seine Rede mit einer **Refutatio** von Divicos Darstellung der *clades Cassiana*, indem er zunächst durch Verba cogitandi (*minus cogitationis dari, memoria teneret*) und affectus (*gravius ferre*) auf seine persönliche, familiäre und patriotische Verbindung der Niederlage des Cassius Longinus verweist,[33] was als Captatio benevolentiae der extradihegetischen Adressaten, d. i. seiner römischen Leser, aufgefasst werden kann.[34]

---

[30] Zwar ist bekanntlich für uns die Barbarologie des Galliers in bedeutendem Maße erst durch Cäsar entstanden, doch hatten sich in Rom zweifellos schon vorher Eindrücke und Berichte verbreitet. Dauge 1981, die S. 61-68 drei römische Barbaren-Topiken unterscheidet – die des nordisch-europäischen, die des südlich-afrikanischen und die des orientalisch-asiatischen Barbaren – meint zur Gallier-Angst S. 61: „le grand choc, tant matériel que psychologique, vint du Nord, c'est-à-dire des Celtes. Du IVᵉ au IIᵉ siècle, en Italie, Rome se trouva presque sans cesse aux prises avec ces êtres étranges, à l'aspect monstrueux, à la *ferocia* intacte, hordes mobiles et destructrices, toujours renouvelées et menaçantes. Ve furent là, pour elle, les premiers représentants de la *barbarie nordique*, ... Les textes postérieurs nous révèlent combien profonde et durable fut à Rome la crainte des Gaulois quelle extraordinaire impression suscitèrent ... leurs présence dans l'armée d'Hannibal." S. 98: „Les Romains de ce temps [91 bis 31 v. Chr.] vivent d'ailleurs dans la hantise d'une invasion barbare: crainte de la *feritas* gauloise, crainte des Germains, crainte des Daces, crainte des Parthes...".

[31] Durch den ‚Kampfkraft-Topos‘ (*fortissimi, reliquos Gallos virtute praecedunt, homines bellicosi, bellandi cupidi*) werden Gallier und Germanen sowie Bellum Helveticum und Bellum Ariovisti verknüpft, Latacz 1978, 80.

[32] Dangel 1995, 99: „En effet, s'il est vrai que les catégories du facile ou du possible relèvent de cette subdivision oratoire, les discours du Gaulois développent ce thème d'une manière si répétitive que celui-ci devient un trait de caractère caricatural."

[33] *eo sibi minus dubitationis dari*: *minus dubitationis* ist Subjekt zu *dari*, *dubitationis* partitiver Genitiv zu *minus*.Vgl. Meusel LC 1 s. v. do, Aaβ, 941.

[34] Wiseman 1998, 1-9 hat gute Gründe dafür angeführt, dass dies das römische Volk war. Mehrere Gründe sprechen dagegen, dass das *Bellum Gallicum*, wie wir es haben, nicht vor d. J. 51 publiziert worden wäre, und dass es sich dabei um bloße aufpolierte Berichte an den Senat handelte. Wiseman scheint es vielmehr S. 4 „overwhelmingly more likely that each winter Caesar wrote up the events of the year's campaigns with the Roman People as his intended audience, and had the text sent as fast as possible to Balbus and Oppius in Rome for copying and distribution." Zum Wie der Publikation Wiseman 1988, 4-7. Die Frage der Niederschrift und Publikation ist seit jeher von zwei Annahmen geprägt: Mommsen 1920, 615f. prägte die Annahme (a), das BG sei im Winter 52/51 in einem Zuge niedergeschrieben und publiziert worden; die Gegenposition (b), es sei sukzessive publiziert worden, prägte K. Barwick (zusammenfassend Barwick 1955). Gelzer 1960 hielt noch an (a) fest. S. 155: „... Caesar stellte Anfang 51 beim Senat den Antrag, auch sein Proconsulat in derselben Weise zu verlängern unter Anerkennung des für 48 in Aussicht gestellten Consulats. ... Wenn nur die Senatoren frei urteilen könnten, wäre ihm die Mehrheit sicher! Um ihnen dafür die nötige Unterlage zu geben, veröffentlichte er zugleich mit seinem Antrag die 7 Bücher *de bello Gallico*. Es war die eindrucksvolle zusammenfassende

Der Bau der Periode ist Aa(α)aBb. Dangel 1995 führt 14,1 an als Beispiel für eine *phrase comparative*, die besonders der Etablierung von Autorität diene.[35] Dann lenkt Cäsar Divicos Interpretation, diese Niederlage sei ein Beweis der helvetischen *virtus*, auf die Kriegsschuldfrage: Cäsar ist verärgert über die frühere Niederlage, da sie nur aufgrund eines Bewusstseins völlig rechtmäßigen Vorgehens seitens des römischen Volkes *scilicet* Heeres *scilicet* Prokonsuls geschehen sei (14,1-2).[36] ‚Doch sei es dadurch in die Irre geführt worden, dass es nicht der Meinung war, irgendetwas, aufgrund dessen es sich fürchten müsse, getan zu haben, und wovon es ohne Grund nicht meinen müsse, dass man es fürchten müsse.‘[37] Gemeint ist, dass sich das römische Heer im Bewusstsein völlig rechtmäßigen Vorgehens befunden habe; fehlendes Bewusstsein jeglichen Unrechts entspricht dem Fehlen eines Grundes, aus dem die Helvetier hätten angreifen können, und das Fehlen eines Grundes für äußere Gefahr führte dazu, dass das Heer anfällig für einen unerwarteten Angriff war. Dass Cäsar indirekt die Schuldfrage einführt und den Helvetiern Schuld unterstellt, zeigt sich an der Formulierung *num etiam recentiarum iniuriarum*, die den vorangegangenen Gedanken unmerklich unter den Begriff der *veterae iniuriae* subsummiert und zur Probatio überleitet.

Die **Probatio** beginnt mit einer in eine konditionale Periode gekleideten rhetorischen Frage. Die durch adverbiales *quod*[38] konzessiv gefärbte Prothesis (*quod si veteris contumeliae oblivisci vellet*) und die Auflistung der *recentiae iniuriae* der Helvetier durch juristisch ‚hämmernde‘ *quod*s[39] verleihen der rhetorischen Frage der Apodosis (*num etiam recentium iniuriarum ... memoriam deponere posse?*) Ironie. ‚Aber selbst wenn er die damalige Schmach vergessen wollte, könne er dann etwa auch die Erinnerung an die jüngeren Ungerechtigkeiten tilgen?‘ Die *recentiae iniuriae* der Helvetier, die Cäsar hier aufzählt (*quod eo invito iter per provinciam per vim temptassent, quod Haeduos, quod Ambarros, quod Allobroges vexassent*), sind dem Leser kurz zuvor (Kap. 11) in der Oratio obliqua der

---

Bearbeitung seiner Feldzugsberichte, die er früher an den Senat gesandt hatte, und endete mit dem Senatsbeschluß, der die glorreiche Niederwerfung der letzten großen Rebellion durch ein zwanzigtägiges Dankfest feierte." Vgl. zur älteren Diskussion Gesche 1976, 78-83. Sie meint S. 81, „daß eine definitive Enscheidung für die eine oder andere These im Grunde nicht mehr zu treffen ist."

[35] Dangel 1995, 109. Sie unterscheidet sechs Satzmodelle, die in Oratio obliqua unterschiedliche Funktionen erfüllen. Siehe die Tabelle ibid., 111. Vgl.

[36] *si ... conscius fuisset, non fuisse difficile cavere*: Kraner/Dittenberger/Meusel 1, 111 ad loc.: „*si ... conscius fuisset, non fuisse difficile cavere kurz für si conscius fuisset, cauturum (eum) fuisse; non enim fuisse difficile cavere*."

[37] *eo deceptum, quod neque ...intellegeret, neque ... putaret*: ‚Eigentlich faktischer Explikativsatz' (MBS 803, 549,6) bzw. ‚erklärender Substantivsatz' (KS 2, 271,2b). Das Subjekt zu *commissum* ist der Relativsatz (*quicquam*) *quare* timeret Kraner/Dittenberger/Meusel ad loc.: „*quare = propter quod*, woraus sich sogleich das Subjekt zu *commissum* ergibt."

[38] Zum adverbial gebrauchten *quod* vor Konjunktionen KS 2,321f., 3.

[39] Explikative *quod*-Sätze sind in den Reden signifikant häufiger als im Erzähltext. Dangel 1995, 109 zählt sich zur Kategorie der *phrases dogmatiques*: „Instructives et doctrinales, ces phrases didactiques exposent avec vigueur les données d'une situation."

Bittgesandtschaften der Häduer (11,3), Ambarrer (11,4) und Allobroger (11,5) präsentiert worden.[40] Cäsar verknüpft hier „die beiden in Rom als gültig anerkannten Motive der Kriegsführung, Schutz der Provinz (7,5; 10,1-2) und Rächung der römischen Waffenehre für die Niederlage des Jahres 107 (7,4; 12,5-7; 13,4; 14,1; 30,2)".[41] Diesen politischen Motiven fügt Cäsar ein literarisches Motiv hinzu, nämlich das tragische Motiv der auf ὕβρις und ἄτη folgenden göttlichen Vergeltung:[42] Zeichen der im Ganzen von Ungerechtigkeit geprägten Natur der Helvetier sei ihr übermütiges Prahlen mir ihrem Sieg (*quod sua victoria tam insolenter gloriarentur*),[43] und ihre schon länger andauernde Straflosigkeit sei ein Zeichen bevorstehender göttlicher Vergeltung (14,4-5).[44]

In der **Peroratio** geht Cäsar auf das Friedensangebot des Divico ein. Die *clementia Caesaris* findet ihren Ausdruck in einem Konzessivsatz (*cum ea ita sint*, d. h. trotz der in 14,4-5 aufgeführten vernichtenden Beweislage), dem die Friedensbedingungen folgen (*si obsides ... sibi dentur, et si Haeduis ... item si Allobrogibus satisfaciant*). In diesem Fall werde er Frieden schließen. In Divicos Rede steht das Friedensangebot am Anfang, in Cäsars Rede am Ende, er antwortet also retrograd. Durch diese Komposition bleibt dem Hörer die *ferocitas* des Divico stärker haften, während in Cäsars Rede die *clementia* betont wird.

Auf die durchaus versaillischen Friedensbedingungen (Geiseln und Reparationen für die Häduer, deren Verbündete sowie die Allobroger) geht Divico nicht ein. Divicos **Schlussworte**, die Helvetier seien gewohnt, Geiseln zu nehmen, nicht zu stellen, entsprechen ethisch dem barschen Charakter, den Cäsar Divivos ganzer Rede aufgeprägt hat und wiederholen den Topos der *ferocitas*. 14,7 entspricht darüberhinaus auch syntaktisch und lexikalisch dem Ende von Divicos Rede (*ita Helvetios a maioribus suis institutos esse, uti ...*, 14,7; *se ita a patribus maioribusque suis didicisse, ut ...*, 13,6). Auch diese Repetitivität trägt zur Karikatur bei.

---

[40] Vgl. zur Technik Lohmann 1996, 29: „Der Autor Caesar hat selbst in Wahrheit so gut wie nichts von alledem wirklich behauptet."

[41] Diller 1976, 192.

[42] Das Motiv, dass der Mensch aufgrund von ‚Frevel‘, ὕβρις (~ die von Cäsar 14,3 aufgelisteten *iniuriae*), in ‚Verblendung‘, ἄτη, gerät (~ *quod sua victoria tam insolenter gloriarentur*, 14,4), die zur τίσις θεῶν führt (~ 14,5), begegnet erstmals sehr deutlich Hom. Il. 4,160-168 (Figurenrede Agamemnons) und Hom. Il. 19,87-138 (Erzählertext); am explizitesten ist es in Solons ‚Musenelegie‘ (fr. 13 W[2]) ausgedrückt, und es liegt der griechischen Tragödie und Herodots Geschichtsdeutung zugrunde.

[43] Verben der Gemütsstimmung mit bloßem Ablativ, KS 1, 396,13a.

[44] *eodem pertinere*: ‚in dieselbe Kategorie gehören‘.Vgl. TLL s. v. pertineo, caput prius (*vi relativa fere i. q. spectare, referri, attinere*), I,C3bβ, 10,1,1806,42-57. Georges s. v. pertineo II,3, 3635.

III. Schlussbetrachtung

Das Rededuell Divico-Cäsar ist die erste längere indirekte Rede des *Bellum Gallicum*. Wenn man davon ausgeht, dass Cäsars Entscheidung, die direkte Rede zugunsten der indirekten Rede bis BG 4,25 bewusst zu meiden, eine stilistische Entscheidung war,[45] die längeren indirekten Reden aber funktional den direkten Reden der Historiographie entsprechen, ist zu erwarten, dass das Rededuell Divico-Cäsar expositorischen Charakter hat.[46] In der Gesandtenszene Divico-Cäsar wird der Helvetierfürst durch seine Rede charakterisiert als ein barscher Gallier, der dem Topos des kriegerischen nordischen Barbaren entspricht, der aber zugleich die Eigenschaften exemplifiziert, die zuvor sowohl im Erzählertext als auch in indirekten Reden anderer Gallier dem Stamm der Helvetier zugeschrieben worden sind.

Der römische Proconsul wird durch seine Rede charakterisiert als ein rhetorisch, juristisch und literarisch gebildeter Interessenvertreter des römischen Volkes, der *auctoritas* ausstrahlt: eine Charakterisierung, die im Erzählertext um die Eigenschaften strategischer und analytischer Exzellenz erweitert wird.[47] Cäsars Leserlenkung vollzieht sich also in einem komplexen Zusammenspiel aus Narrativ, Erzählerkommentar und Rede.

Mensching 1988 hat für Reden in der Historiographie, die auch für Cäsar gälten, drei Hauptfunktionen unterschieden, nämlich (a) Unterrichtung oder Information, (b) Charakterisierung, (c) Peripetie-Erklärung, und sieht in den Reden Divicos und Cäsars die Funktionen (a) und (b) vorliegen.[48] Auch Maurach 2003 sieht in der Rede Divicos vor allem die Funktion der Charakterisierung dominieren. Die Rede Divicos sei „eine Verhaltensstudie

---

[45] Rasmussen 1963 hält die Wahl für die indirekte oder die direkte Rede für eine Folge kompositorischer Entscheidungen. Allerdings geht er hinsichtlich der Gattungsfrage nicht mehr, wie Murphy 1949, der auch für die Einschätzung der cäsarianischen indirekten Reden die Äußerungen des Hirtius (BG 8, praef. 4-5) und des Cicero (Brut. 75, 262) zum Nennwert nahm, von der Prämisse eines Roh-Entwurfs aus, sondern sieht den Stilwandel von der indirekten zur direkten Rede als bewusst eingesetztes Stilmittel. So habe Cäsar „die Reden des I. Buches mit Rücksicht auf die Reden der letzten Bücher in oratio obliqua geschrieben", um eine Pathos-Steigerung zu erreichen. Bis zur Rede des Critognatus 7,77 führe ein großes Crescendo. Cäsar moduliere je nach kompositorischer Absicht insbesondere den Parameter der Ausführlichkeit, und so wirkten einige indirekte Reden wie aus der direkten Rede umgeformt, teilweise scheine es sogar, als sei „die Form der direkten Rede bewußt vermieden worden." Rasmussen 1963, 63-70. Zitate S. 69, 70. Vgl. auch Mensching 1988, 55-62.
[46] Wie die Reden der Kerkyraier und Korinther für die in Vorkriegsgeschichte des Peloponnesischen Krieges (Thuk. 1,32-43) und die Reden des Archidamos und Perikles für den Kriegsbeginn (Thuk. 2,11. 13); die Reden des Klearchos und des Kyros für den Zug der Zehntausend (Xen. An. 1,3,3-6. 9-12). Die Rede Catilinas zu Beginn der Verschwörung (Sall. Cat. 20). Die Rede Micipsas für die Vorkriegsgeschichte und der Brief Adherbals (Sall. Iug. 10 und 24) für den Kriegsbeginn des Bellum Iugurthium. Wie man die Gattungsfrage, *commentarius* oder *historia*, beantwortet, hängt im Grunde davon ab, wie man die Publikationsfrage beantwortet. Vgl. dazu ausführlich Rüpke 1992. Die neueren Ausführungen von Wiseman 1998, 4-7 haben viel für sich, der sich die Publikation des BG ähnlich vorstellt, wie Rösler 1991 die von Herodots *Historien*.
[47] Latacz 1978, 75 trifft es gut, wenn er feststellt, Cäsar stelle sich auf drei Ebenen (Information, Selbstdarstellung, Planung) „als der informierende, analysierende, planende Intellektuelle im Uniformrock des Generals" dar.
[48] Mensching 1988, 57. Menschings Typologie stimmt in etwa mit derjenigen Scardinos 2007, 459-462 überein.

... voll spottender Ironie", wobei die Ironie eben darin liege, dass die Helvetier mit dem ‚greisen Haudegen' Divico gerade den Falschen schickten, um über Frieden zu verhandeln.[49] Nimmt man allerdings die Friedensbedingungen ernst, die Cäsar 14,6 stellt, dann haben wir auch eine Peripetie (c) vorliegen, nämlich den endgültigen Schritt zum Krieg, der durch Divicos barsche Ablehnung 14,7 besiegelt wird.

Zwar kann im Rahmen dieser Arbeit nicht in gebührlicher Weise auf die Funktion der indirekten in BG 1 geschweige denn im gesamten BG eingegangen werden;[50] der Befund für das Rededuell Divico-Cäsar, dass die oratio obliqua in BG 1 funktional den Platz einnehmen kann, an dem in der Historiographie eine oratio recta zu erwarten ist, kann allerdings als Ausgangspunkt für eine genauere Untersuchung der Funktion der oratio obliqua dienen.

---

[49] Maurach 2003, 28.
[50] Dass Cäsar bis BG 4,25 die direkte Rede mied, dafür aber ausführliche indirekte Reden darstellte, und auch im späteren BG mit zwölf direkten gegenüber insgesamt 298 indirekten Reden nur spärlichen Gebrauch der direkten Rede machte, ist ein erklärungsbedürftiges Faktum. Übersicht der direkten Reden bei Rasmussen 1963, 55f., über die indirekten Reden bei Dangel 1995, 111.

Literatur

a) Ausgaben

W. Hering (Hg.), C. Iulii Caesaris Commentarii rerum gestarum. Bd. 1. Bellum Gallicum, Leipzig 1987.

O. Seel (Hg.), C. Iulii Caesaris Commentarii rerum gestarum. Bd. 1. Bellum Gallicum, Leipzig 1961.

E. Malcovati (Hg.), M. Tulli Ciceronis scripta quae manserunt. Bd. 4. Brutus, [2]Leipzig 1970.

D. R. Shackleton-Bailey (Hg.), M. Tulli Ciceronis Epistolae ad familiares. Libri I-XVI, Stuttgart 1988.

b) Hilfsmittel

DNP: H. Cancik u. a. (Hgg.), Der Neue Pauly, Stuttgart/Weimar 1997-2003. [= BNP: Brill's New Pauly: http://referenceworks.brillonline.com/browse/der-neue-pauly.]

DNP Suppl. 3: A.-M. Wittke u. a., Histoirscher Atlas der antiken Welt, Stuttgart 2012.

Georges: K. E. Georges, Der Neue Georges. Ausführliches lateinisch-deutsches Handwörterbuch. Auf der Grundlage der [8]Hannover/Leipzig 1913-1918 hg. v. T. Baier u. bearb. v. T. Dänzer, 2 Bde., Darmstadt 2013.

KlP: K. Ziegler / W. Sontheimer / H. Gärtner (Hgg.), Der Kleine Pauly, 5 Bd.e, München 1979.

KS: R. Kühner / C. Stegmann, Ausführliche Grammatik der lateinischen Sprache. Teil II: Satzlehre, 2 Bd.e, [3]Darmstadt 1962 [= [2]Hannover 1912].

LHS: M. Leumann / J. B. Hofmann / A. Szantyr, Lateinische Grammatik. Bd. 2. Lateinische Syntax und Stilistik, [2]München 1972.

MBS: H. Menge / T. Burkard / M. Schauer, Lehrbuch der lateinischen Syntax und Semantik, [5]Darmstadt 2012.

Meusel LC: H. Meusel, Lexicon Caesarianum, Bd. 1. A-Humilitas, Bd. 2,1. Iaceo-Puleio, Bd. 2,2. Pulio-Uxor. Tabula coniecturarum, Berlin 1887 [ND 1958].

OCD[4]: S. Hornblower / S. Spawforth (Hgg.), The Oxford Classical Dictionary, Oxford 2012.

OLD: P. G. Glare u. a. (Hgg.), Oxford Latin Dictionary, Oxford 1982.

RE: A. Pauly / G. Wissowa u. a. (Hgg.), Real-Encyclopädie der classischen Alterthumswissenschaft, Stuttgart 1893-1980.

TLL: Internationale Thesaurus-Kommission Thesaurus-Büro München (Hgg.), Thesaurus linguae latinae, Leipzig/Stuttgart 1900- .

c) Forschungsliteratur

Albrecht 2012: M. v. Albrecht, Geschichte der römischen Literatur von Andronicus bis Boethius. Bd. 1, [3]Berlin/Boston 2012.

Kraner/Dittenberger/Meusel: F. Kraner / W. Dittenberger / H. Meusel (Hgg.), Commentarii de bello Gallico. Erkl. v. F. Kraner u. W. Dittenberger. Bearb. v. H. Meusel. Nachw. u. bibl. Nachtr. v. H. Oppermann, Bd. 1, [18]Berlin 1960. Bd. 2, [18]Berlin 1960. Bd. 3, [20]Dublin/Zürich 1966.

Dangel 1995: J. Dangel, Stratégies de parole dans le discours indirect de César (De bello gallico). Étude syntaxico-stylistique, in: Longree 1995, 95-113.

Dauge 1981: Y. Dauge, Recherches sur la conception romaine de la barbarie et la civilisation, Brüssel 1981.

Deichgräber 1976: K. Deichgräber, Elegantia Caesaris. Zu Caesars Reden und ‚Commentarii‘, in: Rasmussen 1976, 208-223. [erstmals in: Gymnasium 57 (1950), 112-123].

Flach 1985: D. Flach, Die römische Geschichtsschreibung, Darmstadt 1985.

Gelzer 1960: M. Gelzer, Caesar. Der Politiker und Staatsmann, [6]Wiesbaden 1960.

Gelzer 1976: M. Gelzer, Caesar als Historiker, in: Rasmussen 1976, 438-473 [= M. Gelzer, Kleine Schriften, Bd. 2, Wiesbaden 1963, 307-335].

Gesche 1976: H. Gesche, Caesar, Darmstadt 1976 (= EdF 51).

Gotoff 1984: H. C. Gotoff, Towards a practical criticism of Caesar's prose style, Illinois Classical Studies 9,1 (1984), 1-18.

DeJong 2014: I. J. de Jong, Narratology and Classics, Oxford 2014.

Latacz 1978: J. Latacz, Zu Cäsars Erzählstrategie (BG I 1-29: Der Helvetierfeldzug), in: AU 3/1978, 70-87.

Le Glay 1979: M. Le Glay, Art. Segusiavi, in: KlP 5, 75.

Lieberg 2002: G. Lieberg, Considerazioni sul genere letterario dei Commentarii di Cesare e Cicerone, in: Prometheus 28 (2002), 64-70.

Lohmann 1990: D. Lohmann, Leserlenkung im Bellum helveticum. Eine 'kriminologische Studie' zu Caesar, B.G. I 15-18, in: AU 5/1990, 56-73.

Lohmann 1996: D. Lohmann, Caesars indirekte Reden als Instrument der Leserbeeinflussung. Dargestellt am Beispiel der helvetisch-römischen Verhandlungen (BG I 13/14) und der Kriegsschuldproblematik (BG I 11), in: AU 1/1996, 19-31.

Longree 1995: D. Longree (Hg.), De usu. Études de syntaxe latine offertes en hommage à Marius Lavency, Louvain-la-Neuve 1995.

Mannetter 1995: D. A. Mannetter, Narratology in Caesar, Diss. Wisconsin-Madison 1995.

Maurach 2003: G. Maurach, Caesar der Geschichtsschreiber. Kommentar für Schule und Studium, Münster 2003.

Maurach 2002: G. Maurach, Caesars Humor, in: WJA 26 (2002), 53-60.

Mensching 1988: E. Mensching, Caesars Bellum Gallicum. Eine Einführung, Frankfurt a. M. 1988.

Mommsen 1920: T. Mommsen, Römische Geschichte. Bd. 3. Von Sullas Tode bis zur Schlacht von Thapsus, [3]Berlin 1920.

Murphy 1949: C. Murphy, The Use of speeches in Caesar's Gallic war, in: CJ 45 (1949), 120-127.

E. Olshausen, Caesars Prokonsulat in Gallien (58-50 v. Chr.), in: DNP Suppl. 3, 164f.

Pausch 2010: D. Pausch (Hg.), Stimmen der Geschichte. Funktionen von Reden in der antiken Historiographie, Berlin/New York 2010.

Pelling 2012: C. B. Pelling, Art. Historiography, roman, in: OCD[4], 693-695.

Rambaud 1966: M. Rambaud, L'art de déformation dans les commentaires de César, [2]Paris 1966.

Rasmussen 1963: D. Rasmussen, Caesars Commentarii. Stil und Stilwandel am Beispiel der direkten Rede, Göttingen 1963.

Rasmussen 1976: D. Rasmussen (Hg.), Caesar, [2]Darmstadt 1976 (= WdF 43).

Riggsby 2007: A. M. Riggsby, Memoir and autobiography in republican Rome, in: Marincola 2007, 266-274.

Rösler 1991: W. Rösler, Die ‚Selbsthistorisierung' des Autors. Zur Stellung Herodots zwischen Mündlichkeit und Schriftlichkeit, in: Philologus 135 (1991), 215-20.

Rüpke 1992: J. Rüpke, Wer las Caesars bella als commentarii?, in: Gymnasium 99 (1992), 201-226.

Schlicher 1936: J. J. Schlicher, The development of Caesar's narrative style, CP 31,3 (1936), 212-224.

Torigian 1998: C. Torigian, The λόγος of Caesar's Bellum Gallicum, in: Welch/Powell 1998, 45-60.

Tsitsiou-Chelidoni 2010: C. Tsitsiou-Chelidoni, Macht, Rhetorik, Autorität. Zur Funktion der Reden Caesars und seiner Gegner in De Bello Gallico, in: Pausch 2010, 125-155.

Von der Mühll 1913: P. von der Mühll, Art. Hirtius, RE VIII,2 (1913), 1956-1962.

Walser 1998: G. Walser, Bellum Helveticum, Stuttgart 1998.

Welch/Powell 1998: K. Welch / A. Powell (Hgg.), Julius Caesar as artful reporter. The War commentaries as political instruments, London 1998. [26A4500]

Wisemann 1998: T. P. Wisemann, The publication of De bello Gallico, in: Welch/Powell 1998, 1-9.